Water on the Sun

poems by

Grace Cavalieri

Acqua sul sole

traduzione di

Maria Enrico

Bordighera Press

Library of Congress Cataloguing-in-Publication Data

Cavalieri, Grace.
  Water on the sun : poems / by Grace Cavalieri = Acqua sul sole /
traduzione di Maria Enrico.
    p. cm.
  ISBN 1-884419-78-X (hardcover) -- ISBN 1-884419-77-1 (softcover)
  I. Enrico, Maria. II. Title. III. Title: Acqua sul sole.

  PS3553.A947W37 2006
  811'.52--dc22

                                                          2006043075

Cover artwork: *Water on the Sun,* by CYNTHIA CAVALIERI
Cover photo: *Grace Cavalieri,* by KENNETH FLYNN

Printed in the United States.

Published by
BORDIGHERA PRESS
John D. Calandra Italian American Institute
25 W. 43rd Street, 17th Floor
New York, NY 10036

BORDIGHERA POETRY PRIZE 8
ISBN 1–884419–77–1 (softcover)
ISBN 1-884419-78-X (hardcover)

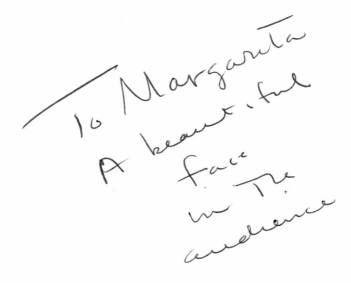

To Margarita
A beautiful
face
in the
audience

To Ken and our children — Cindy, Colleen, Shelley, and Angel —
for taking into our family the foundling "poetry," sharing,
nurturing, and caring for it all through the years.

Thank you

Grace

TABLE OF CONTENTS

INDICE

Morning Poem

Each of us has a pond. Mine is deep. I sleep beneath
the water in a silence so clear
the bloom of desire melts from me,
lightning turns fire to the water of pleasure.

Fish are jumping in my heart,
no, they are real fish dreaming of me,
no it is not a dream,
this is a real heart.

Poesia mattutina

Ognuno di noi ha un laghetto. Il mio è profondo. Dormo sotto
l'acqua in un silenzo così chiaro
il fiorire del desiderio si fonde,
i lampi cambiano il fuoco in acqua di piacere.

Pesci saltano nel mio cuore,
no, sono pesci veri che mi sognano,
no non è un sogno,
questo è un cuore vero.

for Jan

These are the eyes the world made,
With language tracing outside of gravity,
Its hurts wandering like tongues of lace.

Yes there is divine fruit growing from the wound,
Yes petals thread love like a vine bending
The surface of our seasons, remarkable, broken.

More than anything I'll think of laughter as
The shapely flight, as the way humans pray for loss.
More than most I will admire that sweet blue air.

We can call this world a sphere animals walk as guests,
Say this is a natural garden we fell into, out of,
The bare mountains, the mist, the landscape.

Yet on this pretty and perfect land, a seed
Came to fire, flaming the meaning of memory.
What more is there in the law of love?

EPIGRAFE

per Jan

Questi sono gli occhi dal mondo fatti,
Con linguaggio che viaggia tracciato oltre la gravità,
I suoi mali vagano come lingue di pizzo.

Sì c'è un frutto divino che cresce dalla ferita,
Sì i petali tessono l'amore come un'edera che piega
La superficie delle nostre stagioni, rimarchevole, infranta.

Più di ogni cosa penserò al riso come
Al volo bello, come al modo in cui gli umani pregano una perdita.
Più di tutto ammirerò quel dolce aere blu.

Possiamo chiamare questo mondo una sfera dove gli animali si
muovono come ospiti,
Dire che questo è un giardino naturale in cui, da cui siamo caduti,
Montagne spoglie, la bruma, il paesaggio.

Eppure su questa terra graziosa e perfetta, un seme
Diventò fuoco, incendiando il senso della memoria.
Cosa c'è di più nella legge dell'amore?

BECAUSE WE ARE PRESENT

How glancing is a glancing remark?
Everything our parents could not
protect us from
finally relieved us of knowing the news,
because there is no one who can help anyway.

We are bombarded all the while by vision – a
bit here and there – frightened and
tossed – thankfully retreating
to picking up bits and particles,
publicly excusing it
into poetry, or how we imagined it.

Perchè siamo presenti

Quanto sfugge un commento fuggevole?
Tutto quello dal quale i nostri genitori
non potevano proteggerci
finalmente ci esonera dal sapere le notizie,
tanto non c'è nessuno che può aiutare.

Siamo continuamente bombardati dalla visione – un
po' qua e un po' là –impauriti e
sballottati – ritirandoci riconoscenti
a raccattare pezzi e bocconi,
scusandolo pubblicamente
in poesia, o come l'avevamo immaginato.

You Could Not Say She Was of this Earth

If milk curdled she said the fairies did it.
If her face itched

she believed it was brushed by a saint.
Lovely, more than anything else

she rose from the cathedral of childhood
vivid in the fields

while the world turned to rust and wheels.
She thought there was love

in objects and with her faith
said "Thank you frying pan.

Thank you, table." This would be twenty years
before I'd be born

And she would be my mother who still comes to me
during a certain vibration of song

which I play furtively so no one else can hear.

NON SI PUÒ DIRE CHE FOSSE DI QUESTA TERRA

Se il latte cagliava, diceva che era colpa delle fate.
Se il viso le prudeva

pensava d'essere stata sfiorata da un santo.
Bella, più di ogni altra cosa

emerse dalla cattedrale dell'infanzia
vivida nei campi

mentre il mondo diventava ruggine e ruote.
Pensava ci fosse amore

negli oggetti e con fede
diceva "Grazie, padella.

Grazie, tavola." Tutto questo sarà stato vent'anni
prima che io nascessi

E lei sarà mia madre che ancora ora mi viene vicina

durante il vibrare di una canzone

che io suono furtivamente cosicchè nessun altro possa udire.

NETTIE

How to make it up to her?
      She was no

stronger than the wheat
      her father carried

to the altar in Sicily for his penance,
      she was that frail, like the

pale yellow Italian sun...
      others becoming animals as

they grew but she... she
      turning into the sky and

the ocean until
      there was finally no place

else she could go.
      I would make her broth

if the dead could drink, bring it in a tin cup.
      I would take the stories out of the

vial of breath I've saved
      in case my own breath should stop.

I'd give it to her, if it would help, but
      this is of no use to her now.

I have so little to give up,
      except – maybe, fear – which

exists only for itself.
      Out of the crescent moon,

NETTIE

Come farsi perdonare?
      Non era

più forte del grano
      che suo padre portò

all'altare in Sicilia come penitenza,
      lei era così fragile, come il

pallido giallo sole italiano...
      gli altri diventavano animali mentre

crescevano ma lei ...lei
      cambiandosi nel sole e

l'oceano fino a quando
      finalmente non c'era altro posto

dove poteva andare.
      Io le farei del brodo

Se i morti potessero bere, lo porterei in una tazza di latta.
      Prenderei i racconti dalla

fiala di respiro che ho salvato
      caso mai il mio respiro cessasse.

Glielo darei, se fosse d'aiuto, ma
      Non le serve a niente ora.

Ho così poco da offrire,
      Eccetto – forse, una paura – che

esiste solo per se stessa.
      Dalla luna crescente,

from these shapes
      I hear my father's voice

calling me again, last night, low and
      filled with a holding heart

I'd never heard before. *Come
      to yourself,* he said.

In all her needs and through
      meanings of her crying

the only thing left
      is my father's voice

stronger than memory.
      That was always my trouble

in trying to save her, his voice.
      Now I remember her grief,

how she stood by my father's
      chair as he stared angrily

out the window. There she is,
      so slim. She wears a long

silken dress, her hands are like first speech.
      This is progress I think, her sitting still

for it without falling apart –
      he, finally speaking to me.

The dead are just as
      involved as anyone else if you listen closely.

They are here to work it out with the living.

da queste forme
       sento la voce di mio padre

che mi chiamava di nuovo, ieri sera, bassa
       e piena di un cuore saldo

mai udita prima. *Vieni*
       a te stessa, diceva.

In tutti suoi bisogni e attraverso
       i sensi del suo pianto

l'unica cosa rimasta
       è la voce di mio padre

più forte della memoria.
       Quello è sempre stato il mio dilemma

nel cercare di salvarla, la voce di lui.
       Ora ricordo il suo dolore,

come stava accanto alla sedia
       di mio padre mentre lui fissava con rabbia

fuori dalla finestra. Eccola,
       così snella. Porta un lungo

abito di seta, le sue mani come il primo parlare.
       È un passo avanti penso, lei immobile

che aspetta- senza crollare –
       lui, che finalmente mi parla.

I morti sono coinvolti
       tanto quanto chiunque, basta ascoltare attentamente.

Sono qui per lavorare con i vivi.

CARCIOFI

One by one things fall away,
everything but the sweet earth itself.
Already this year he has watched the nest's
careful brush of twigs lose a summer song.

He leans his bicycle against the tree. Tuscany
never changes, they say, but the mountains
seem small, each season, as he goes north

toward Pietrasanta. Only carciofi remain the same, clustered
to the earth. Year after year, this time, the tough fruit
is left for the last of those who want it.

My grandfather picks them here, although he
is not a farmer, he knows where on the stem
to reach. A scholar who saw the world as
a work of art, he holds them like this,

carries them back to his small apartment
past the piazza, behind the University wall.
Pisa. Can you see the dirt on his hands, as he
cups them close, their hard skins,
dusty particles beneath his nails.

What moved him to hunger, and when, that night
we can't know, but that he ate carciofi, the diary
reveals; a plant flavored with olive oil.
Maybe after the lamp was lit, a tiny flask

of oil was brought out, pressings
from a vat near Granoia. Adding
salt from a bowl, the mineral
makes a fragrance rise, enough to move him to
open a small window and, by luck, hear a nightingale.

I CARCIOFI

Una alla volta cadono le cose,
tutto tranne la stessa dolce terra
Già quest'anno lui ha visto un canto estivo
cadere dai ramoscelli intrecciati del nido.

Appoggia la bicicletta all'albero. La Toscana
non cambia, dicono, ma le montagne
sembrano piccole, ogni stagione, quando va a nord

verso Pietrasanta. Solo i carciofi restano uguali, accoccolati
per terra. Anno per anno, in questa stagione, questa frutta dura
viene lasciata a chi arriva per ultimo.

Mio nonno li raccoglie qui, anche se
non è contadino, sa dove spezzarli
sul gambo. Come uno studioso che considerava il mondo
come un'opera d'arte, li tiene così,

li porta al suo appartamentino
passata la piazza, dietro il muro dell'università.
Pisa. Lo vedi lo sporco sulle sue mani, mentre le
avvicina a coppa, la loro pelle indurita,
le particelle di polvere sotto le unghie.

Cosa l'ha ridotto alla fame, e quando, quella notte
non si può sapere, ma ha mangiato i carciofi, il diario
ci rivela; una pianta condita con l'olio d'oliva.
Forse dopo aver acceso il lume, una boccetta

d'olio è stata ritrovata, spremitura di una botte
vicino a Granoia. Aggiungendo
il sale da una ciotola, dal minerale
sprigiona una fragranza, tale da costringerlo ad
aprire una finestrella, e fortunato, udire un usignolo.

Later he will lean over his drawings. But right now he
puts the finished leaves in a bowl. This is the man who
imagined the gas-driven tractor which would
someday ride the fields of uneven ground.

Tonight there is only the vision of a vehicle
in his head, for he feels refreshed after dining.
How strange to rest, brushing his hand across the
linen, smudging it, without thought.
il paese della meraviglia. He will
visit the farmer again, take from his fields,

But for now the mind feasts on what the eye has
seen, villas with ochre walls, pink terra cotta roofs,
factories with old doors, the ride out of town
pedaling past olive groves, apple trees pinned against

fences, pruned grape vines ready to burst,
covers pulled taut over seeded ground, the sun traveling
to the sea, peaceful snow on the mountains.
Everywhere he looks, the land ready for a new way to harvest.

Più tardi studierà i suoi progetti. Ma ora
mette le foglie mangiate in una scodella. Questo è l'uomo che
immaginava il trattore a gas che
un giorno avrebbe solcato i campi irregolari.

Stasera ha solo una visione di un veicolo
nella mente, e si sente rinfrescato dalla cena.
Com'è strano riposare, passando la mano sulla
tovaglia, macchiandola, senza pensare.
Il paese della meraviglia. Visiterà
il contadino di nuovo, farà raccolta nei suoi campi,

Ma per ora la mente gode quello che l'occhio
ha visto, ville con mura color ocra, tetti di terracotta rosa,
fabbriche con vecchi portoni, la gita fuori città
pedalando oltre gli oliveti, i meli legati

ai recinti, le viti d'uva pronta a scoppiare,
teli stesi sulla terra seminata, il sole che viaggia
verso il mare, la neve pacifica sulle montagne.
Ovunque lui guardi, la terra è pronta ad un nuovo tipo di raccolta.

ANGELO

If I were to ask what you'd like, it might be to say something kind about you,
mention something from the past remembered with love.
And so I do. Spaghetti sauce on the bus!
You getting up at dawn to cook it, I carrying a pot
across two states to Princeton, New Jersey,
where my professor lived
and where
students met to read their poems
eating the sweet red specialty
lugged up and down stairs under a huge lid.
No one could buy that kind of cooking, at least in those days,
although now of course
there's a restaurant on every corner.
I don't know how I asked you, father, to prepare this dish
or whether in fact you offered it knowing
your meal was rare in American houses.
You remained at home that day while I entertained.
I think you hoped to hear them say how sensitive you were,
a loving father, and so they did, admire you this night, poets
heard by candlelight, a fireplace, a stove.
In a different room far away, you most likely wished I'd say
they liked it, Italian food, something different for me to share. Perhaps
I would say good of you. I'll bet you went to bed easily:
This time I've made her happy.

ANGELO

Se ti chiedessi cosa vorresti, forse sarebbe dire qualcosa di carino su di te,
che menzionassi qualcosa del passato e con amore.
E va bene. Sugo sull'autobus!
Tu che ti alzi all'alba per cuocerlo, io che porto una pentola
attraverso due stati fino a Princeton, New Jersey,
dove abitava il mio professore
e dove
gli studenti si riunivano per leggere le loro poesie
mangiando quella ghiotta specialità rossa
portata con tanta fatica su e giù per le scale sotto un grosso coperchio.
Non si poteva comprare a quei tempi,
anche se ora naturalmente
trovi un ristorante ad ogni angolo.
Non so se ti avevo chiesto, babbo, di preparare questa pietanza
o se invece ti eri offerto sapendo
quanto fosse raro nelle case americane.
Sei rimasto a casa quel giorno mentre io intrattenevo gli ospiti.
Credo tu sperassi di sentirli dire quanto eri sensibile,
un padre affettuoso, e l'hanno fatto, ammirandoti quella notte, poeti
ascoltati a lume di candela, presso il caminetto, accanto alla stufa.
In una stanza diversa e lontana, avrai desiderato che dicessi
che era piaciuto il mangiare italiano, qualcosa di diverso da offrire. Forse
avrei parlato bene di te. Scommetto che sei andato a letto contento:
questa volta l'ho fatta felice.

LANGUAGE LESSON

It was a day much like this,
grey, with drizzle,
my mother took me visiting,
which was a big event –
She didn't drive a car,
seldom went out.
How did we get there?
My father, perhaps, who
worked in a bank nearby.
He must have dropped us
by this large white house
with grand pillars.

I can't imagine why
we were wanted there
but I met a boy my age.
I suppose that was it.
Get the toddlers together,
ready to learn to play.

I assessed the toys,
and took my pick,
a brand new trike, and
oh how it went,
as shiny as it looked.
My new playmate ran crying
filled with envy and
complaint
Me wants the bike.
Me wants it now.

I stopped. The wheels froze
on the rug as I looked
at my foe

LEZIONE DI LINGUA

Era una giornata come questa,
grigia, piovigginosa,
mia madre mi portò a far visite,
un grande evento –
Lei non guidava,
e usciva raramente.
Come arrivammo là?
Mio padre, forse, che
lavorava in una banca vicina.
Deve averci lasciato
a questa grande casa bianca
dalle grandi colonne.

Non capisco perchè
ci volessero là
ma incontrai un ragazzo della mia età.
Penso fosse per quello.
Mettere insieme i bambini,
perché imparassero a giocare.

Esaminai i giocattoli,
e feci la mia scelta,
un triciclo nuovo di zecca, e
oh come andava,
come luccicava.
Il mio nuovo amichetto corse via piangendo
pieno d'invidia e
stizza
Me voglio la bici
Me la voglio ora.

Mi fermai. Le ruote bloccate
sul tappeto mentre fissavo
il mio nemico

"*ME* wants the bike?"
I felt the sweet pleasure of
superiority, the first ache
of it, age three.
There would be no contest. I
could play as long as I liked.
I had him by the pronoun.
It was the happiest day of my life.

"*Me* voglio la bici?"
Ebbi una dolce sensazione
di superiorità, la sua prima punta di dolore,
all'età di tre anni.
Non c'era gara. Potevo
giocare quanto volevo.
Avevo vinto col pronome.
Fu il giorno più felice della mia vita.

JUDY AND ME

From time to time
someone would ask
how many children were
in our family.
It was always the same,
I'd snap (ready) "just
one – me – and a broken
umbrella handle."
My father always laughed
at that entangled wit,
hardly funny now
it seems, my sister as
an object.
Did description amuse him?
Or the use of skewed language?
What did it mean?
What did it say?
Why such a thought?
How is it
my father smiled at
the idea of a handle
so crippled?
What if the umbrella
could have opened.

Io e Judy

Di tanto in tanto
qualcuno chiedeva
quanti erano i figli
nella nostra famiglia.
Era quasi sempre la stessa risposta,
io (pronta) scattavo "solo
una – io – e un manico
rotto d'ombrello."
Mio padre rideva sempre
a quella battuta contorta,
c'è poco da ridere
ora, mia sorella come un
oggetto.
La descrizione lo divertiva?
O era il linguaggio forbito?
Cosa significava?
Cosa voleva dire?
Perchè pensarla così?
Com'è che mio padre sorrideva
all'idea di un manico
talmente deforme?
E se l'ombrello
avesse potuto aprirsi.

STAGE MAKEUP

It is where you may not want to go.
It's not what you had in mind,
imagination within hope,
but what will you do with it,
so uncertain the terrain,
the outline of music, with sounds
you have to provide yourself.
My father took me there, to *Pagliacci,*
the frightening intimacy, the veil
lifting, the feeling of gladness
or the foul mood, which? shaking
the land inside us. We went together,
as if we needed to deepen our silence,
as if I could count hats when I got bored,
only ten years old, waiting for it to end,
but music he couldn't guard me against,
sweeping away our differences,
half a century saved in memory.
He took me to the opera, in the
War Memorial Building, downtown
Trenton. He took me to the opera
about a clown. He chose the one he
thought I'd like.

TRUCCO TEATRALE

È forse dove non vorresti andare.
Non è quello che avevi in mente,
immaginazione con speranza,
ma cosa ne farai,
in un luogo così incerto,
un tracciato musicale, con suoni
che ti devi dare da sola.
Mio padre mi ci portò, al *Pagliacci,*
l'intimità spaventosa, il velo
che si alza, la sensazione di felicità
o un cattivo umore, quale? che scuote
la terra dentro di noi. Ci andammo insieme,
come se avessimo bisogno di approfondire il nostro silenzio,
come se avessi potuto contare i cappelli quando ero annoiata,
a soli dieci anni, aspettando che finisse,
ma contro la musica lui non poteva proteggermi,
spazzare via le nostre differenze,
mezzo secolo serbato nella memoria.
Mi portò all'opera, al
Monumento ai Caduti, nel centro
di Trenton. Mi portò a un'opera
su un pagliaccio. Aveva scelto quella che
credeva mi sarebbe piaciuta.

RUBBER DUCKY

Because the American doctor believed
Italians held their babies too much
I was left to stay in my carriage.
My grandmother rushed in with
yellow rubber gloves for me
to hold like a hand. Apparently the
fingers slick and silky felt
like skin because
I'm told I finally stopped crying.

After that, they gave me rubber
when I could not be consoled.
What my mother held I do not know,
so disciplined against her yearnings.
I like this story, the kindness of a grandmother,
caught in a culture she didn't understand –

One day I stopped screaming,
allowing myself to be nourished,
probably because I was used to
the yellow gloves of mercy, but maybe
beneath the canopy, separating lace layers,
when no one was watching, maybe it was
my mother, with her small hands, who timidly reached in.

IL PAPEROTTO DI GOMMA

Poichè il medico americano era convinto che gli italiani
tenessero troppo in collo i bambini
mi lasciavano in carrozzina.
Mia nonna si precipitò con
dei guanti di gomma gialli per me
da tenere come una mano. Pare che
le dita lisce e morbide sembrassero
pelle perchè
mi hanno detto che finalmente smisi di piangere.

Da allora, mi davano della gomma
Quando ero sconsolata.
Cosa tenesse mia madre non so,
così disciplinata nei suoi desideri.
Mi piace questa storia, la gentilezza di una nonna,
catturata da una cultura incomprensibile-

Un giorno smisi di strillare,
e mi lasciai nutrire,
probabilmente perchè ero abituata
ai guanti gialli misericordiosi, ma forse
sotto il baldacchino, separando gli strati di merletto,
quando nessuno guardava, forse era
mia madre a tendere timidamente le sue piccole mani.

DRIVING SOUTH TO CORPUS CHRISTI

for Harriette

I found you couldn't cross a bridge
at Chain-of-Rocks in Mississippi.
Just put your foot down and
drive straight across you said
to me, a child,
although I couldn't drive a car.
Push the pedal down and just
go straight ahead you said.
I did,
until the next bridge rose, high
and narrow steel where
we stopped and went into a bar
to give the man two dollars
to drive us in our car.

You abandoned your son as an infant
and he abandons you now to old age.
Since you are dying and
taking too long about it
I think I know why you can't go on.
I'm praying with my foot down on the pedal
too far away to hold your hand.
Go ahead and close your eyes and don't look down.
I'll take over now, or I'll go in and get the man.

GUIDANDO VERSO SUD PER CORPUS CHRISTI

per Harriette

Ho scoperto che non si può attraversare un ponte
a Chain of Rocks nel Mississippi.
*Butta giù il pedale e
va' diritto attraverso* hai detto
a me, bambina,
sebbene non sapessi guidare.
*Schiaccia il pedale e
va' diritto avanti,* hai detto.
L'ho fatto,
Finchè il ponte si presentò, alto
e stretto, d'acciaio, e
ci siamo fermati e siamo entrati in un bar
per dare due dollari a un uomo
perchè guidasse la nostra macchina.
Hai abbandonato tuo figlio quando era piccolo
e ora lui ti abbandona alla tua vecchiaia.
Poichè stai morendo e
ci metti troppo
credo di sapere perchè non puoi andare avanti.
Sto pregando col piede sul pedale
troppo lontana per stringerti la mano.
Va' avanti e chiudi gli occhi e non guardare giù.
Tocca a me ora, o vado e prendo l'uomo.

THE RETURNING

I love to think of those
children's books
with stories about
the tiny boat which is
lost
and flows down a stream and
out to sea
finally ending up
in Hong Kong where
another child finds
the bright toy
and plays quite happily
until it is
lost in another river
and winds up again
in the very same bathtub
where it all began
having somehow floated
down the rainspout
to end exactly there.

I love to think of
that returning
however preposterous
when I read your books
and see the places
you have underlined
the words you loved
thoughts
you wanted to remember
starred with red and blue
from farther than Hong Kong
back to me.

IL RITORNO

Amo pensare a quei
libri per bambini
con storielle della
barchetta che si
perde
e naviga giù per un ruscello
fino al mare
e alla fine arriva
a Hong Kong dove
un altro bambino trova
il giocattolo colorato
e si diverte contento
fino a quando non si
perde in un altro fiume
e finisce di nuovo
nella stessa vasca da bagno
dove è cominciato tutto
dopo aver navigato chissà come
giù per la grondaia
per finire esattamente là.

Amo pensare a
quel ritorno
per quanto ridicolo
quando leggo i tuoi libri
e vedo dove
hai sottolineato
le parole da te amate
i pensieri
che volevi ricordare
segnati con stelline rosse e blu
da più lontano di Hong Kong
ritornano a me.

To the Old Wine of Memory

> *"You have no place here*
> *for your intoxication is*
> *different from mine"*... Amir

What is your place here
the more I give of you
the more I keep

The trees were closer then
next to the steps
close as the moment
I will walk through

It is Christmas
at my Grandmother's house

when the family says
Let's Pretend
She's Not Getting A Doll
And See What She Does

Four years old,
but wise, I stood near
my sister's doll,
blue velvet
with yellow curls,
the most beautiful
I'd ever seen
as if I were happy for her
so happy
I didn't need one of my own

The joke didn't work
my father said
So Here's Yours
That was the box

AL VECCHIO VINO DELLA MEMORIA

"Che stai a fare qui
la tua intossicazione è
diversa dalla mia"…. Amir

Che stai a fare qui
più offro di te
più trattengo

Gli alberi erano più vicini a quel tempo
accanto agli scalini
vicini come il momento
che traverserò

È Natale
a casa di mia nonna

quando la famiglia dice
Facciamo Finta Che
Non Riceverà Una Bambola
E Vediamo Cosa Fa

A quattro anni,
ma saggia, stavo accanto
alla bambola di mia sorella,
velluto azzurro
e riccioli biondi
la più bella
che avessi mai visto
come fossi contenta per lei
così contenta
da non volerne una per me.

Lo scherzo non funzionò
mio padre disse
Eccoti La Tua
Quella era la scatola che

I never opened
and never will,

The house is imagining me again
It whispers Come Closer
Forgive The Past
It warns
If You Lose Love
Where Will It Go

Winding up the clock with
its language of meaning,
I sit in the sun
steam rising to my face,
if its heat suffocates
I'll leave
taking my memory with me

 I say to the past
"You were never a well made thing.

Now what will your world be without me."

Non ho mai aperto
e mai aprirò

La casa nuovamente mi immagina
Sussurra Vieni Vicina
Dimentica Il Passato
Avverte
Se Perdi L'Amore
Dove Andrà

Caricando l'orologio con
il suo linguaggio di significati,
mi siedo al sole
il vapore mi sale al viso,
se il suo calore soffoca
me ne andrò
portando con me la mia memoria

Dico al passato
"Non sei mai stato una cosa ben fatta.

Ora che ne sarà del tuo mondo senza di me."

EXPRESSIONS

Where is the little girl?
      sitting on the steps

What is she doing?
      holding a cardboard box

It stands on end. It has
      A tiny golden clasp which can open.

Inside there are small blue hangers
      holding dolls' clothes.

Two drawers beneath pull out.
      She pulls them and looks inside –

mysterious pieces of fabric
      dark red velvet, cream satin squares

blue lace. She stares

for minutes and minutes of pleasure,
      folding, smoothing, touching.

Where does she go?
      she stands and walks into the house.

This is the same house she'll dream
      twenty years later is empty, where

No one is home, where
      there is dark in every room

and no matter who she calls,
      no one will answer.

ESPRESSIONI

Dov'è la bambina?
        seduta sugli scalini

Cosa sta facendo?
        ha una scatolina di cartone in mano

Poggiata su un lato. Ha
        Una piccola chiusura d'oro che si apre

Dentro ci sono piccole grucce blu
        con abiti da bambola appesi.

Di sotto due cassettini che si possono aprire.
        Li apre e guarda dentro-

Misteriosi pezzi di stoffa
        velluto rosso scuro, quadrati di raso color crema

pizzo azzurro. Li fissa

istante dopo istante con piacere,
        piegando, lisciando, toccando.

Dove va?
        Si alza e entra in casa.

È la stessa casa che sognerà
        venti anni dopo è vuota, dove

Nessuno abita, dove
        ogni stanza è buia

e non importa chi chiama,
        tanto nessuno risponderà.

What does she feel?
　　　something that has no name.

She will sleep in the silence
　　　of that moment – alone on the steps

walking into the empty house
　　　seeing there is no mother, father, sister

maybe there never was.

Later the doll's clothes become
　　　real clothes. There will be real dolls.

She will fold soft blankets,
　　　sweet wool, soft bonnets, knit booties

pink dresses into the cool dark drawer.

Cosa avverte?
       un qualcosa senza nome.

Dormirà nel silenzio
       di quell'istante −sola sugli scalini

entrando nella casa vuota
       vede che non c'è nè madre, nè padre, nè sorella

forse non ci sono mai stati.

Più tardi gli abiti da bambola diventano
       abiti veri. Ci saranno bambole vere.

Piegherà coperte soffici,
       lana liscia, berrettini morbidi, scarpine fatte a maglia

abiti rosa nel cassetto fresco e scuro.

PLEASE ACCEPT MY DONATION

for Ken

I want to thank you for dazzling heaving deserts praising love,
for extravagant birds and clowns.
Please forgive the calamitous leaping over sand, the shouts of fire,
the startling rings. I didn't know.
Oh sure there were springs exiled, new pipes, other conceptions –
We're only human. Child, girl, man: What's the difference?
Afternoons hasten. That's why I want to say, most of all,
I memorized your paper gardens, drifting stones, the willow trees.
I'll always remember the sun we survived, the vulnerable surfs, waking.
I deeply appreciate the way we addressed each other faithfully,
powdered gold faces, crossing like this, tomorrow in mirrors.
It was all a lovely motion of fleece, feathers on the sea.

PER FAVORE ACCETTA IL MIO DONO

Per Ken

Voglio ringraziarti per gli accecanti deserti ondulanti in lode d'amore,
per gli uccelli variopinti e i pagliacci.
Per favore perdona il saltare rovinoso sulle sabbie, gli sprazzi di fuoco,
gli anelli eclatanti. Non sapevo.
Oh certo c'erano sorgenti esiliate, nuovi flauti, nuove concezioni –
Siamo solo umani. Bambina, ragazza, uomo: Che differenza c'è?
I pomeriggi volano. Per questo voglio dire, più di tutto,
Ho imparato a memoria i tuoi giardini di carta, i sassi fluttuanti, i salici.
Ricorderò sempre il sole da noi sopravvissuto, i vulnerabili frangenti,
al risveglio.
Apprezzo profondamente come ci siamo parlati con fiducia,
facce spolverate d'oro, incrociando così, il domani negli specchi.
Era tutto un soave movimento di lanugine, piume sul mare.

**EVEN IF YOU COULD LICK ALL THE WORDS,
THE INK WILL NEVER FADE**
— John Yau

If you can write one good poem,
one you like, well
you can put any two things together and it'll work.

Two bad people can make a good marriage ...
You can wear a backless dress to church
and sit in the front pew,

or plant two pounds of peas
in a one acre plot and not worry.

You can tell your sister to go marry the bum;
You have better things to do.

You have written something on your desk that'll stay there.

**ANCHE SE TU POTESSI LECCARE TUTTE LE PAROLE,
L'INCHIOSTRO NON SBIADIRÀ MAI**
— John Yau

Se puoi scrivere una bella poesia,
una che ti piace, allora
puoi mettere insieme due cose qualsiasi e funzionerà

Due cattive persone possono fare un buon matrimonio...
Puoi metterti un abito scollato in chiesa
e sederti in prima fila,

o piantare un chilo di piselli
in un acro di terra e non preoccuparti.

Puoi dire a tua sorella di sposarsi quel buono a niente;
Tu hai di meglio da fare.

Hai scritto una cosa sulla scrivania che vi rimarrà.

WATER ON THE SUN

for Candace Katz

We both knew it,
that every mother has the same child,
and so every loss is the same loss.
There had been no music before them,
well not exactly the same music we'd known,
soon it started up, singing a little song that went like this:
"inside every hello is a goodbye"
then the music went right on
just as if nothing had ever happened.
We said their names over and over until they had no sound.
Before that, before we knew them, we had felt safe.
Do you remember? Ever feeling safe?
They arrived, and grew, and turned away,
and when they turned back
everything was changed.
We always knew it was coming,
from the first time their bones were claimed and named,
formed and polished, inside us, even then we knew.
They arrived wearing their bodies lightly on them,
with their entire lives lying in wait to tell
what would be known about them.
The minute they were born – that second –
that's when we took their faces for our own,
while underneath, did you realize - as I did - that
underneath the ice the great swimming was already
underway, *away,* even before this story began.

ACQUA SUL SOLE

per Candace Katz

Lo sapevamo tutte due,
che ogni madre ha lo stesso figlio,
e che ogni perdita è la stessa perdita.
Non c'era stata musica prima di loro,
o meglio non precisamente una musica che conoscevamo,
poi è cominciata, cantando una canzoncina che faceva così:
"dentro ogni saluto c'è un addio"
e la musica ha continuato come se non fosse successo nulla.
Abbiamo detto e ridetto i loro nomi finchè hanno perso suono.
Prima, prima di conoscerli, c'eravamo sentite sicure.
Ti ricordi? Di esserti sentita sicura?
Sono arrivati, e cresciuti, e andati via,
e quando sono tornati
tutto era cambiato.
Sapevamo che sarebbe successo,
fin dalla prima volta che abbiamo sentito e rivendicato le loro ossa,
formate e perfette, dentro di noi, anche allora sapevamo.
Sono arrivati indossando i loro corpi leggermente,
con tutta la loro vita aspettando di dire
cosa si sarebbe saputo di loro.
Il momento in cui sono nati – in quel preciso secondo –
abbiamo scambiato i loro visi per i nostri,
mentre sotto, forse te ne eri già resa conto – come me – che
sotto il ghiaccio era già cominciata la grande nuotata
lontano, ancor prima che questa storia iniziasse.

DAY OF THE DEAD

Don't grieve. Anything you lose
comes round in another form...

Did you think the world was filled with emptiness?
Oh no, the dead went nowhere at all, they are right here
Lining the road, row after row,
Phosphorescent, leaning in, listening to us as
We learn how to talk.

They teach us to put things back inside ourselves
So even silence and dreams do not vanish
Within earshot of our God.

Between mind and thought they stay. The sounds we never hear
Are their footsteps behind us. They send
A note from a distant glacier, a splinter that cannot be removed.

Winds blow over where they've been, leaving the future as
Our only mother. Even now the plants cry for them,
Silver voices of blood. The dead sing of the meaning of pain,
Freedom from fear, the train in the distance
Going home without them.

They ask if we who are alive, really live.
Such questions fall outside us, tangled in the tree limbs.

Thoughts are useless as the moon whose candles of night
Lights us. Our need for them makes language.
It says what we miss most of all
Is that they loved us.

IL GIORNO DEI MORTI

Non ti addolorare. Qualsiasi cosa perdi
ritorna in un'altra forma....

Pensavi che il mondo fosse tutto vuoto?
Oh no, i morti non sono andati via, sono qui
Lungo la strada, in fila dopo fila,
Fosforescenti, attenti, ci ascoltano mentre
Impariamo a parlare.

Ci insegnano a rimettere le cose dentro noi stessi
Così neanche il silenzio e i sogni svaniscono
Dall'udito del nostro Dio.

Rimangono, tra la mente e il pensiero. I suoni che non sentiamo
Sono i loro passi dietro di noi. Ci mandano
Un messaggio da un ghiacciaio distante, una scheggia che non si
può levare.

Il vento soffia dove sono passati, lasciando il futuro come
La nostra sola madre. Anche ora le piante li piangono,
Argentee voci di sangue. I morti cantano il senso del dolore,
La liberazione dalla paura, il treno distante che
Ritorna a casa senza loro.

Ci chiedono se noi che siamo vivi, viviamo veramente.
Queste domande ci cadono via, ingrovigliate nei rami degli alberi.

È inutile pensare mentre la luna con le sue candele di notte ci fa
luce.
Il nostro bisogno di loro diventa un linguaggio. Dice che ci manca
più di tutto
Il loro amore per noi.

How It Started

The muscular man invited her
for dinner

Unused to romance,
she invited her husband along

Oh these were the days
so innocent

She filled her living room
with water to take a swim

After the frolic he
held her under water

This is not right, she spoke, but
the words floated and no one heard.

COME COMINCIÒ

L'uomo muscoloso la invitò
a cena

Non avezza all'avventura,
Lei invitò anche suo marito

Oh quelli erano giorni
così innocenti

Lei riempì il salotto
d'acqua per nuotare

Dopo il gioco lui
la tenne sott'acqua

Non è giusto, lei disse, ma
le parole galleggiarono e nessuno udì.

HORIZON'S CAGE

Because he said the best way
      to get there
was to walk the outside
rim of the Empire State Building,
      she believed him.
So dizzy she almost fell, yet
she clutched onto him
closing her eyes,
trusting they'd survive.
      What kind of a man
would put a woman in danger
just to rescue her?
      Why would a woman
risk her life just to be saved?

Gabbia d'orizzonte

Poichè lui disse che il miglior modo
      d'arrivarci
era camminare sul bordo esterno
      dell'Empire State Building
      lei gli credette.
Presa da capogiro lei quasi cascò, eppure
Si afferrò a lui
chiudendo gli occhi,
fiduciosa che sarebbero sopravvissuti.
      Che razza di uomo
metterebbe una donna in pericolo
solo per salvarla?
      Perchè una donna
rischierebbe la vita solo per essere salvata?

BREAD SOUP

In the orphanage in Russia
the children are rocking, like failures,
the hours are rocking. The child lies torpid

from listening to nothing.
No bird or breeze is permitted,
no road through his cloud.

I ask : *What will they do this day of their lives*;
They stand hitting their chests against
the bars like voices aching.

Tomorrow we dream of harmony and truth.
We pretend blossoms grow out jaws
from numbed faces.

Each morning, blue eyes, close-cropped hair,
bleached stares. Each morning, death waits.
It is the only caretaker we can find.

ZUPPA DI PANE

Nell'orfanatrofio in Russia
I bambini si cullano, come fallimenti,
Le ore si cullano. Il bimbo giace intorpidito

dall'ascoltare niente.
Nessun uccello o brezza è concesso,
Nessuna strada attraversa la sua nuvola.

Chiedo: *Che faranno questo giorno delle loro vite*;
Stanno ritti picchiando il petto contro
le sbarre come voci dolenti.

Domani faremo sogni di armonia e verità.
Fingiamo che boccioli nascano dalle mascelle
di facce intorpidite.

Ogni mattina, occhi azzurri, teste rasate,
sguardi assenti. Ogni mattina, la morte aspetta.
È l'unico guardiano che riusciamo a trovare.

How a Poem Begins

It's a little thing. Could be

the long o's in Kosovo, or

a woman

alone in the street

after the hurricane

sweeping Honduras.

Perhaps we tell of the child

beneath the flood in New Orleans.

They say poetry is insignificant,

such a tiny voice

no one can hear.

That's why we write of such

little things, insignificant things.

COME COMINCIA UNA POESIA

È una cosa piccola. Potrebbero essere

le lunghe O in Kosovo, o

una donna

sola per strada

dopo l'uragano

che spazza via l' Honduras.

Forse raccontiamo del bimbo

sotto l'alluvione a New Orleans.

Dicono che la poesia sia insignificante,

una voce così esile

che nessuno può udire.

Ecco perchè scriviamo di queste

cose piccole, cose insignificanti.

TRIMMING THE TREE

All the presents
    we forgot
    are here now.

We'll name everything we love:

birds
    unafraid
    to go unanswered,

the river
    flowing
    just beyond our sight,

small stars
    shining without knowing
    what is light,

pencils of sound
    where
    every soul is written,

each branch
    a favorite child,
    in a match
    no one would make.

Now we'll
    point through the dark
    to see memory.

What shall we call it?

Addobbando l'albero

Tutti i regali
  dimenticati
  ora sono qui.

Elencheremo tutto quello che amiamo:

Uccelli
  che non temono
  di non avere risposta,

il fiume
  che scorre
  appena aldilà della vista,

le stelline
  che luccicano senza sapere
  cosa sia la luce,

tracciati di suono
  dove
  ogni anima è scritta,

ogni ramo
  un figlio preferito
  in un raffronto
  che nessuno farebbe.

Ora punteremo
  nel buio
  per vedere il ricordo.

Che nome dobbiamo dargli?

Advice Regarding a Field of Reindeer in the Snow

If your husband is sleeping, you
can leave him a message and go in
the airplane with the mysterious pilot,
just for an hour, to land in strange
cities, farmlands, perhaps with
wet leaves and wooden
houses, with ruffled curtains.
You may walk to the edge
of what you thought was a forest,
and look through a thick wall of ice
with a gigantic hole and see
field after field of Reindeer brushed
with snow, standing still,
how beautiful, like frozen statues,
cold and silent, each staring straight at you,
line after line of them,
a sight you'd never have seen
had you stayed home. You'll never forget it,
but remember to leave a note, before you go, or
your return will be bleak,
it will ruin everything: trip, field, reindeer, snow.

AVVISO INERENTE UN BRANCO DI RENNE NELLA NEVE

Se tuo marito dorme, potresti
lasciargli un messaggio e volare
in aereo con il pilota misterioso,
solo per un'ora, e atterrare in strane
città, poderi, forse con
foglie bagnate e casette
di legno, con tendine increspate.
Potresti camminare fino al bordo
di cosa pensi sia una foresta,
e guardare da un muro spesso di ghiaccio
con un buco gigantesco e vedere
branco dopo branco di renne spennellate
di neve, immobili,
così belle, come statue gelide,
fredde e silenziose, che ti fissano,
fila dopo fila,
una visione che non avresti mai avuto
se tu fossi rimasta a casa. Non la scorderai mai,
ma ricordati di lasciare un messaggio, prima d'andare, o
il tuo ritorno sarà cupo,
sciuperà tutto: il viaggio, i branchi, le renne, la neve.

BLUE-GREEN SPIRIT

for Avideh

Oh Dream Wanderer
with your message stick
with your rooster crowing,

Where is the voice I spoke
after I was dead
before I was born?

How much has been left by the wayside?

If every dream were a tattoo
how would I look?

Would I start loving my skin
turning in the light
holding up my arm to understand
what each flower means?

They say because the female bird
can't sing
she flies only during Summer in Sweden,

Oh no, listen,
she is connected to the divine and
sings of her taste for life and death,

She sings until heard,
it is the voice we share where
nothing is lost.

SPIRITO VERDE-BLU

per Avideh

O Vagabondo dei Sogni
con il tuo bastone messaggero con
il tuo gallo canterino,

Dov'è la voce che ho usato
dopo la morte
prima della vita?

Quanto è stato lasciato per strada?

Se ogni sogno fosse un tatuaggio
come sarei?

Comincerei ad amare la mia pelle
voltandomi nella luce
tendendo il braccio per comprendere
il significato di ogni fiore?

Dicono che poichè l'uccello femmina
non canta
che voli solo d'estate in Svezia,

Oh no, ascolta,
è legata al divino e
canta il suo amore per la vita e la morte.

Canta finchè l'odono,
è la voce che condividiamo quando
niente è perso.

RIMS

for Sabine

Even though night is rising
And sunlight falls away through the leaves
You wake as if you were young
And all the animals of the forest rush to greet you
Flowers open
Fear retreats to where it lived before you were born
Although night ascends in our bodies
Connecting us to its invisible memory
Even now, we are here
We move to the outside chairs for a cup of tea.

Margini

per Sabine

Anche se la notte spunta
E la luce del sole sparisce tra le foglie
Ti svegli come una giovane
E tutti gli animali della foresta corrono a salutarti
I fiori sbocciano
La paura si ritira laddove era prima che tu nascessi
Anche se la notte ascende nei nostri corpi
E ci unisce alla sua memoria invisibile
Anche ora, siamo qui
Ci spostiamo e ci sediamo fuori per una tazza di tè.

Tarot Card IX. Temperance

Why not write the poem
you can sell. Your
aunt wants a book
by the bed. She doesn't
know how lightning starts from
the ground, so invent it again
starting in the sky
not connected
to anything that can burn.

If leaves turn inside out
with indication of rain
spin them around again
calling it the opposite of pain,
say it's seasonal.

Finish the sentence I *remember...*
Rather than I *don't*
want to remember
using the language
like cloth
to conceal
the broken body beneath.

Never talk of
how you love the smell
of your own pillow,
people don't want personal
remarks like that, or how
you learned of love by
watching other people's happiness.

If your father lay down
and covered his eyes

Tarocchi IX. Temperanza

Perchè non scrivere una poesia
che puoi vendere. Tua
zia vuole un libro
accanto al letto. Lei non
sa come un fulmine incominci
dalla terra, e allora inventalo di nuovo
che incominci dal cielo
sconnesso
da ciò che è infiammabile.

Se le foglie si rigirano
a un indizio di pioggia
rigirale di nuovo
dicendo che è l'opposto del dolore,
dì che è una questione di stagione.

Finisci la frase *mi ricordo....*
anzichè *non*
voglio ricordare
usando le parole
come un telo
per celare
il corpo troncato.

Non parlare mai
di quanto ami il profumo
del tuo guanciale,
agli altri non piacciono commenti
così personali, o come
hai imparato ad amare
guardando la felicità degli altri.

Se tuo padre è disteso
e si è coperto gli occhi

with light before
you could say you were sorry,

do not discuss good-byes
or other family secrets
Even if fear made
the morning dove fly,
blame it on the sky.

con la luce prima che
tu potessi dire mi rincresce,
non discutere di addii
o di altri segreti di famiglia.
Anche se la paura ha fatto
volare la colomba,
dà la colpa al cielo.

Tarot Card III. The Empress

This slender hand of grass –
this slender white hand . . .
this old hand
moving drunkenly
across the page . . .

Passing through this hand
there is a door,
a garden you wouldn't have known

where willows grew upward
some days, where the river ran blue.

This pen has a face of its own –
It looks like a courtesan
who was merry once,

a fool who danced
until she cried.

Now she is the mistress of herself
and her own small story.

TAROCCHI III. L'IMPERATRICE

Questa mano esile d'erba-
questa mano esile bianca ...
questa mano vecchia
che si muove ebbra
per la pagina ...

Passando per questa mano
c'è una porta,
un giardino sconosciuto

dove i salici crescevano alti
a volte, dove il fiume scorreva blu.

Questa penna ha un viso-
Pare una cortigiana
un tempo allegra,

una sciocca che ballò
fino a quando pianse.

Ora è padrona di se stessa
e della sua storiella.

Tarot Card O. The Fool

He was the one
who could not draw horses
so sketched
a tent
saying horses were inside.

He was the one
who claimed he couldn't write
saying his poems
were in his thoughts.

How can we trust the way
a squirrel, so soft,
sounds different
than it looks.

And who would trust a fool
as he juggles
essence and reality,
spirit and truth,
insisting on its wisdom.

Tarocchi 0. Il buffone

Era quello
che non sapeva disegnare i cavalli
e allora fece uno schizzo di
una tenda
e disse che dentro c'erano i cavalli

Era quello
che asseriva di non saper scrivere
dicendo che le sue poesie
erano nei suoi pensieri.

Come possiamo fidarci di
uno scoiattolo, così soffice,
così diverso
da come sembra.

E chi può fidarsi di un buffone
che mentre fa il giocoliere
con l'essenza e la realtà,
con lo spirito e la verità,
insiste sulla saggezza.

Tarot Card XVIII. The Moon

I see a path
where the stones speak
where the earth of the heart
is a ground beyond the call of crickets . . .
The lightning divides the gnarled tree,

Who would want such dirt on their feet
as that beneath the dead branches,

Look behind the burial ground
to the pure cocoon of light . . .
The tree out the window grows
as your eyes get old,

There she is playing outside . . .
you remember her dreaming
the person you always wanted to be.

Tarocchi XVIII. La Luna

Vedo un sentiero
dove le pietre parlano
dove la terra del cuore
è una distesa al di là del canto dei grilli...
il fulmine spezza l'albero nodoso,

Chi vorrebbe un tale sudiciume sotto i piedi
come quello sotto i rami morti,

Guarda dietro il camposanto
al bozzolo puro di luce...
L'albero fuori dalla finestra cresce
mentre i tuoi occhi invecchiano,

Eccola là che gioca fuori...
te la ricordi nei tuoi sogni
la persona che hai sempre voluto essere.

CENTO*

I will say the shape of a leaf lay once on your hair.
I have been acquainted with the night,
I have heard weeping in secret,
The fevered tossings of the dusk, the dark,
Let us describe the evening as it is:
The three men coming down the winter hill,
The history theirs whose language is the sun.
From the gauzy edge of paradise,
I moved with the morning,
A shout and a cry
To practice for eternity.
I will tell you all. I will conceal nothing.

*A Cento is an Italian form where lines from other poets are combined to make a new poem. In this case lines are from Archibald MacLeish, Robert Frost, James Wright, Robert Hayden, Conrad Aiken, John Berryman, Stephen Spender, Anne Sexton, Theodore Roethke, Louise Bogan, Robert Penn Warren and Muriel Rukeyser, in that order, to make a new poem.

CENTO*

Dirò che la traccia di una foglia una volta stette sui tuoi capelli.
Ho conosciuto la notte,
Ho sentito piangere in segreto,
L'agitarsi febbrile dell'imbrunire, l'oscurità,
Lasciateci descrivere la sera così come è:
I tre uomini che scendono dalla collina d'inverno,
La storia è di chi parla la lingua del sole.
Dall'orlo sfumato del paradiso,
Mi mossi con la mattina,
Un grido e un lamento
Praticare per l'eternità.
Ti dirò tutto. Non nasconderò niente.

* *Un Cento è una forma lirica in cui versi di diversi poeti sono usati per creare una poesia nuova. I versi di questa poesia sono, in ordine, dei poeti Archibold MacLeish, Robert Frost, James Wright, Robert Hayden, Conrad Aiken, John Berryman, Stephen Spender, Anne Sexton, Theodore Roethke, Louise Bogan, Robert Penn Warren e Muriel Rukeyser.*

WHY THEY STAYED TOGETHER
Take Snow In My Arms (H. D.)

First there was the
Powdered sugar
Covering all thoughts
Like a Winter storm in the ghetto,

Then — the weight of the trees
Around the house,
Roots entangling
Growing through the chairs,
Wood conspiring to connect
To keep them there,

Finally It was the crooked
Hands that matched just right
The loose door knob and twisted key
Inside the burnished lock within the frame,

At last, it was their sleep intertwined
As it were planned that way
As if it had somewhere to go.

PERCHÈ SONO RIMASTI INSIEME
Prendi la neve nelle mie braccia (H. D.)

Prima c'era lo
zucchero in polvere
Che copriva ogni pensiero
Come una tempesta d'inverno in un quartieraccio,

Poi il peso degli alberi
Intorno la casa,
Radici intrecciate
Che crescevano tra le sedie,
Il legno cospirava a connettere
A tenerli qui,

Alla fine sono state le mani
Storpiate che erano perfette per
La maniglia allentata e la chiave storta
Dentro la serratura brunita nello stipite,

All'ultimo, è stato il loro dormire intrecciati
Come se fosse stato progettato così
Come se potesse andare altrove.

HELPMATES

I remember the train ride with the blind lady
where we each found out something about ourselves.
She asked me what *beautiful* means and if she
                         looked that way.
I told her about the child who died in my arms
with an article stuck in her throat,
                         It was the word "I"

I told her about the baby who disappeared from the back
seat of the car where she had been playing –
When I picked her up I couldn't wipe the dirt from her face.
I told her about the twins who were borrowed and how I feared
the new owners would take them and keep them in playpens
without their favorite snacks.
Where do the babies go when they grow?
Like trains out of the tracks they come
but where do they go?
She replied that at my age why did it matter.
She asked how people know what *beautiful* means.
                         I told her that because of pain
in losing my children
my eyebrows grew together forming a beard.
She said if she didn't see it, it didn't happen
and to consider it all a passing fancy.

CHI CI SOCCORRE

Ricordo il viaggio in treno con la signora cieca
quando abbiamo scoperto qualcosa di noi.
Mi ha chiesto il significato di *bellezza* e se lei
                    lo fosse.
Le ho raccontato della bambina che mi è morta in braccio
con un qualcosa strozzato in gola,
                    Era la parola "io"

Le ho raccontato della bimba che è sparita dal
sedile posteriore della macchina dove stava giocando-
Quando l'ho presa in collo non sono riuscita a pulirle il viso.
Le ho raccontato dei gemelli presi in prestito e di come temevo che
i loro nuovi padroni li avrebbero presi e messi nei box
senza le merende preferite.
Dove vanno i bimbi quando crescono?
Partono come i treni dai loro binari
ma dove vanno?
Lei ha risposto che importanza aveva alla mia età.
Lei ha chiesto come fa la gente a sapere il significato di *bellezza*.
                    Le ho detto che per il dolore sentito
alla perdita dei miei bambini
le mie sopracciglia si sono unite formando una barba.
Lei ha detto che se non lo poteva vedere, non era successo
e di considerare il tutto un capriccio.

The Only Cure for Pain Is Pain . . .

In the garden,
I ask
for a cup of thirst instead of sand.

What if the betrayal you were afraid of happens?
And the person you wanted comes to you without trust?

Then all the joy and care – all the
cherries you've gathered in the bowl –
would change to become the sparrow who ate them –
until there you are with bowl full of feathers
and beak, and you're still hungry for fruit,
and you're hurt, too, caught like this forever
with a stupid bird.

What would Rumi say about this?
That there's only one search, and this is it?
And suddenly
(It takes a lifetime)
you settle for it and lift that poor dumb bird up and out
and let it go on, to its own destiny,
to find what it needs even if it isn't you.

L'UNICO RIMEDIO PER IL DOLORE È IL DOLORE.....

In giardino,
ho chiesto
una tazza di sete e non di sabbia.

E se il tradimento che temevi succedesse?
E la persona che volevi venisse da te sfiduciata?

Allora ogni gioia e cura – tutte le
ciliege che hai raccolto nella ciotola –
si trasformerebbero nel passerotto che le ha mangiate –
e tu rimani con una ciotola piena di piume
e becco, e hai ancora fame di frutta,
e sei, pure, ferita, catturata così per sempre
con uno stupido uccello.

Cosa ne direbbe Rumi?
Che esiste solo una ricerca ed è questa?

Ed improvvisamente
(Il tempo di una vita)
ti rassegni e sollevi e togli quel povero stupido uccello
e lo lasci andare, al suo destino,
a trovare cosa gli manca anche se non sei tu.

Language Older Than It Sounds

These words that go out
Do not return empty,

Lights upon the wall,
Slivers of sight left

From the Romantics who
Believed man inherently good

This is an amiable idea of
Unified structure, yet

We are small appreciations
Of that larger pattern on the wall.

Un linguaggio più vecchio di quanto suoni

Queste parole emesse
Non ritornano vuote,

Luci sulla parete,
Schegge di una visione rimasta

Dai romantici che
Credevano gli uomini fossero buoni –

Questa è un'idea amabile di
Un'unica struttura, eppure

Siamo piccoli omaggi
Di quel disegno più grande sulla parete.

THE LONG NIGHT

If you will listen
You'll hear the story
Of what is safe
A sudden simplicity
White towels drying
You'll see the rich man not
In love with his life
A sorrow no one wants to hear
Children who cannot save
Children
Souls in the stars
Sand for blood
And if you think the same thought
Over and over
You'll know one part of your heart
It is this one
Somewhere a moment is clearing
No one to blame for that
The white towels are drying
They blow in the air

LA NOTTATA LUNGA

Se ascolti
Sentirai la storia
Di cosa è sicuro
Una semplicità improvvisa
Asciugamani bianchi che si asciugano
Vedrai l'uomo ricco che non
È innamorato della sua vita
Un dolore che nessuno vuole sentire
Bambini che non possono salvare
Bambini
Anime nelle stelle
Sabbia per sangue
E se hai lo stesso pensiero
Ancora e ancora
Conoscerai una parte del tuo cuore
Ed è questa
Da qualche parte un momento si sta schiarendo
Non è la colpa di nessuno
Gli asciugamani bianchi si stanno asciugando
Svolazzano nel vento.

THE OFFER OF FRIENDSHIP

If the boy or the girl won't keep so much
As a plant on the premises
Don't ask them for anything
Because, I tell you, that's what you'll get.
Whether it's a sob or a letter of recommendation
Don't come crying back here saying
I didn't tell you, because it'll be like
Asking your papa for money. Don't you say
"There was just not enough to give" or "Did
I ask for too little", for as large as you are
As evil, as well dressed, you'll cool your heels.
They'll sit there, A and B, a potato in each mouth
Thinking (A) What is reasonable worry (B) What
Is a legitimate need, while you stand there
Thinking What A Pretty Sight, this offer of
Friendship
Then go find yourself a real common woman or man
Either of which who can give
1) comfort, 2) directions, or 3) a hanky to wipe
Away your one last eye still leaking and bleeding.

L'OFFERTA DI AMICIZIA

Se il ragazzo o la ragazza non ha nemmeno
Una pianta in casa
Non chiedere niente
Perchè, ti assicuro, è quello che riceverai.
Che sia un lamento o una raccomandazione
Non tornare in lacrime dicendo
Non te l'ho detto, perchè sarebbe come
Chiedere soldi a tuo padre. Non dire
"Non ce n'era abbastanza da dare" o "Forse
Ho chiesto troppo poco", perchè per quanto grande
O malvagio, o ben vestito sei, aspetterai in vano.
Resteranno seduti là, A e B, con una patata in bocca
Pensando (A) Cos'è una preoccupazione ragionevole (B) Cos'è
Una necessità legittima, mentre stai lì
Pensando Che Bella Vista, quest'offerta di
Amicizia
Poi va' a trovarti un uomo o una donna reale e normale
L'uno o l'altra ti potrà offrire
1)conforto 2) indicazioni o 3) un fazzoletto che ti asciugherà
l'occhio rimasto che ancora sgocciola e sanguina.

This Is

The September of our loss

The old man who is to die
Takes a nap anyway

I admire that

QUESTO È

Il settembre della nostra perdita

Il vecchio che sta per morire
Fa una dormitina lo stesso

Lo ammiro

CREATURE COMFORTS

Although the older eye loses light
      the less it asks the more
      we want to give,
Compulsive sight seeks connections
      such as flight and
      what else is there but
The bullfight, the accolades
      the crowds, the wine-
      skins,
          the flowers.

SOSTEGNO MATERIALE

Benchè un occhio appannato perda la luce
      meno richiede più
      vogliamo offrire.
La vista forzata cerca collegamenti
      quali il volo e
      quant'altro ci possa essere eccetto
La corrida, gli applausi
      le folle, gli otri
      di vino,
         i fiori.

ABOUT THE AUTHOR AND TRANSLATOR

GRACE CAVALIERI is the author of several books of poetry, the most recent, *What I Would Do for Love,* in the voice of eighteenth-century author Mary Wollstonecraft. This book won a 2005 Paterson Prize. Her play based on Wollstonecraft is *Hyena in Petticoats.* Her latest children's book is *Little Line.* The play *Quilting the Sun* was presented at the Smithsonian, and has a world premiere in 2007 in South Carolina. She has produced/hosted "The Poet and the Poem" on public radio, celebrating its thirtieth year on-air. The series is recorded at the Library of Congress for distribution via NPR satellite. She holds the Pen-Syndicated-Fiction Award, the Allen Ginsberg Award for Poetry, the CPB Silver Medal for Broadcasting, and awards from the National Commission on Working Women, The American Association of University Women, NEA, and the Witter Bynner Foundation for Poetry. She received the inaugural "Columbia Award" from the Folger Shakespeare Library Poetry Committee for "significant contribution to poetry."

MARIA ENRICO was born in the US, grew up in Europe, and returned to the US for undergraduate studies at Barnard College at Columbia University (BA) and graduate school at Catholic University (MA and PhD). She began her professional career working in international music copyright for American rock groups, then became a travel agent, translation bureau chief for Berlitz, legal assistant for the international law firm of Coudert Brothers, adjunct professor at Catholic University and American University, where she started the Italian department, cultural attaché at the Consulate General of the Republic of San Marino, executive director of The American University of Rome, and Director of the Modern Language Program at Mercy College in Dobbs Ferry, NY She is now Assistant Professor in the Department of Modern Languages at Borough of Manhattan Community College/CUNY. She has also been a radio producer, opera coach, interpreter, and published translator. She speaks English, Italian, French, and Spanish. Recent translations include plays of Dario D'Ambrosi, "Garbage" from *Pinocchio Nero,* by Marco Baliani, and "The Jar" by Luigi Pirandello.

THE BORDIGHERA POETRY PRIZE

Announcing an Annual Book Publication Poetry Prize

Sponsored by
THE SONIA RAIZISS-GIOP CHARITABLE FOUNDATION
Offering a $2,000 Prize to an
American Poet of Italian Descent

GUIDELINES FOR COMPETITION

• *The prize, consisting of book publication in bilingual edition by Bordighera, Inc., is dedicated to finding the best manuscripts of poetry in English by an American poet of Italian descent, to be translated upon selection by the judges into quality translations of modern Italian for the benefit of American poets of Italian ancestry and the preservation of the Italian language. Each winning manuscript will be awarded a cash prize of $1,000 to the winning poet and $1,000 for a commis - sioned translator.* The poet must be a US citizen, but the translator may be an Italian native speaker, not necessarily a US citizen. The poet may translate his/ her own work if bilingually qualified. *Submission may be made in English only or bilingually.*

• The poet must submit ***TWO*** *copies of 10 sample pages of poetry in English on any theme.* Quality poetry in any style is sought. Universal themes are welcome. The final book manuscript length should not exceed 48 pages since, including the translations, the published, bilingual book will be 96 pages in length. To give the translator time to complete the work, the entire winning manuscript will not be due for at least 6 months after selection of the winner.

• The 10 sample pages of poems in English IN DUPLICATE should be on white 8 1/2 by 11 standard paper, clearly typed and photocopied. (Singlespaced except between stanzas with no more than one poem to a page, though a poem may run on to more than one page.) Be sure to label all pages with titles of poems and number them from 1 to 10. *The applicant's name should NOT appear on any poetry pages.* Staple the pages securely together and *attach a cover page to each of the two copies with name, address, telephone, e-mail if applicable, and brief biograph - ical note of the author. The remainder of the manuscript should be anonymous.* Poems contained in the submission may have appeared in literary magazines, journals, anthologies, or chapbooks. Include an acknowledgments page if applicable.

THE BORDIGHERA POETRY PRIZE

GUIDELINES FOR COMPETITION
(continued)

• *If poems have already been translated into modern Italian, submission of a bilingual sample is encouraged* making a 20 page sample with a translation page following each English page. Include name and biographical note of translator on the cover pages.

• *Manuscripts will be judged anonymously.* The distinguished judge for the 2005 and 2006 awards is Daniela Gioseffi.

• Applicants should retain copies of their submission, which will not be returned.

• *Submissions must be postmarked by May 31st each year.* **Mail to:**

Founder: Alfredo de Palchi
Bordighera Poetry Prize
PO Box 1374
Lafayette, IN 47902–1374

• Include a *self-addressed stamped business-sized envelope* for notification of the winners.

• For acknowledgment of receipt, send a *self-addressed postcard.*

• The decision of the judges will be final. Winners will be announced by November each year.

• Bordighera, Inc. and the judges reserve the right not to award a prize within a given year if no manuscripts are found to be eligible for publication.

• The author and translator will share in the royalties in the usual amount of a standard book contract to be drawn between Bordighera, Inc. and the author and translator.

BORDIGHERA PRESS is

BORDIGHERA POETRY PRIZE

The bi-lingual prize for poetry, including book publication, is sponsored by the Sonia Raiziss-Giop Charitable Foundation. The prize was established to foster the Italian language among Italian-American poets and to offer publication to the best English manuscript by an identifiably Italian-American poet each year.

MOST RECENT / FORTHCOMING

6 (2004) Gerry LaFemina; translated by Elisa Biagini; *The Parakeets of Brooklyn*

7 (2005) Carolyn Guinzio; translated by Franco Nasi; *West Pullman*

8 (2006) Grace Cavalieri; translated by Maria Enrico; *Water on the Sun*

CROSSINGS: AN INTERSECTION OF CULTURES

A refereed series, *Crossings* is dedicted to the publicaion of bilingual editions of creative works from Italian to English. Open to all genres, the editors invite prospective translators to send detailed proposals.

MOST RECENT / FORTHCOMING

16 (2006) Giuseppe Bonaviri; trans. Barbara De Marco; *Saracen Tales*

VIA FOLIOS

VIA FOLIOS is a refereed "small-book" series dedicated to critical studies on Italian and Italian/American culture. *VIA* FOLIOS also publishes works of poetry, fiction, theatre, and translations from the Italian.

MOST RECENT / FORTHCOMING

35 (2005) Bea Tusiani; *Con amore: A Daughter-in-Law's Story of Growing Up Italian-American in Bushwick*

36 (2005) Anthony Julian Tamburri, ed.; *Italian Cultural Studies 2002*

37 (2005) Steven Belluscio; *Constructing a Bibliography*

38 (2005) Fred Misurella; *Lies to Live by*

39 (2006) Daniella Gioseffi; *Blood Autumn*

ITALIANA

ITALIANA is a series devoted to the publishing of conference proceedings.

MOST RECENT / FORTHCOMING

XI (2005) *Medusa's Gase: Essays in Italian Renaissance Literature, Art, and Gender Studies. Essays in Honor of Robert J. Rodini*

Printed in the United States
71526LV00001B/181-372

9 781884 419775